# A Man Named Vicente And Other Bilingual Brazilian Portuguese-English Stories

Pomme Bilingual

Published by Pomme Bilingual, 2024.

While every precaution has been taken in the preparation of this book, the publisher assumes no responsibility for errors or omissions, or for damages resulting from the use of the information contained herein.

A MAN NAMED VICENTE AND OTHER BILINGUAL BRAZILIAN PORTUGUESE-ENGLISH STORIES

**First edition. December 6, 2024.**



ISBN: 979-8227006837

Written by Pomme Bilingual.

# Table of Contents

# O Caso do Livro Perdido

Clara Fontes era uma bibliotecária peculiar. Trabalhando na imponente Biblioteca Central de São Paulo, ela conhecia cada prateleira, cada livro raro, e até os leitores mais assíduos. Clara era daquelas pessoas que acreditavam que cada livro tinha uma história própria, não só nas páginas, mas também nas mãos pelas quais passara.

Era uma manhã de terça-feira, e a biblioteca estava especialmente movimentada. A exposição "Tesoros da Literatura Mundial" havia sido inaugurada no final de semana e atraía amantes de livros de toda a cidade. Entre as relíquias em exibição estava uma edição rara de "Os Lusíadas", impressa no século XVI e avaliada em uma pequena fortuna. Clara sentia um orgulho especial por aquela obra, que havia sido emprestada por uma coleção particular para a mostra.

No entanto, ao passar pela sala de exposição durante seu intervalo, algo chamou sua atenção. A vitrine onde o livro estava exposto estava... vazia. O coração de Clara disparou.

— Isso só pode ser um engano, — ela murmurou para si mesma, tentando controlar o pânico.

Ela verificou as câmeras de segurança com o auxílio de Vicente, o zelador da biblioteca e seu confidente. As imagens mostravam um homem bem vestido, carregando uma maleta, aproximando-se da vitrine. Ele parecia estar observando o livro com grande interesse. No entanto, as câmeras inexplicavelmente desligaram por dois minutos. Quando voltaram a funcionar, o homem havia sumido, e o livro também.

Clara começou a reunir pistas discretamente. A última coisa que queria era alarmar os visitantes ou, pior, os superiores. Sua primeira parada foi a lista de convidados da inauguração. Muitos acadêmicos renomados haviam comparecido, incluindo o professor Artur Vasconcelos, um historiador conhecido tanto por sua genialidade quanto por sua competitividade.

Naquela tarde, Clara ligou para Artur sob o pretexto de confirmar sua presença em uma palestra futura. Ele parecia nervoso, gaguejando ao responder perguntas simples. Isso bastou para despertar sua suspeita.

— Por que alguém tão apaixonado por livros raros agiria de forma tão estranha? — Clara pensou.

Ela decidiu visitar o departamento de história da universidade onde Artur trabalhava. Lá, ela descobriu algo surpreendente: Artur estava em meio a uma disputa acirrada com outro historiador, Dr. Henrique Alencar, sobre a autenticidade de um manuscrito que Henrique afirmava ser uma nova descoberta.

No dia seguinte, Clara conseguiu um pretexto para visitar Artur em sua casa. Ele a recebeu, visivelmente desconfortável, mas educado. Enquanto tomavam café, Clara avistou uma pasta sobre a mesa com o logotipo da Biblioteca Central.

— Parece que você esteve na biblioteca recentemente, professor, — comentou Clara casualmente.

Artur enrubesceu, mas antes que pudesse responder, um som inesperado veio de outro cômodo. Clara aproveitou a distração para abrir a pasta. Dentro, encontrou notas sobre "Os Lusíadas" e um recibo de uma casa de leilões.

Artur confessou. Ele havia planejado roubar o livro para provar que Henrique estava usando uma falsificação como base de suas pesquisas. No entanto, ao sair da biblioteca, percebeu que não conseguia ir adiante com o plano. O livro estava escondido em seu escritório.

— Eu não queria vendê-lo ou danificá-lo, Clara! Apenas precisava provar um ponto.

Clara recuperou o livro e, para evitar escândalos, negociou com Artur. Ele devolveria a obra sem que a polícia fosse envolvida, desde que admitisse suas falhas em público. Como resultado, o professor Henrique pôde apresentar suas descobertas sem ser prejudicado.

A exposição continuou com sucesso, e Clara ganhou a admiração de seus colegas por sua inteligência e discrição.

Naquela noite, ao fechar a biblioteca, Clara passou a mão pela vitrine agora preenchida com "Os Lusíadas".

— Todo livro tem uma história, e este quase escreveu a sua própria.

E com um sorriso nos lábios, ela apagou as luzes.

# The Case of the Missing Book

Clara Fontes was an unusual librarian. Working at the grand Central Library of São Paulo, she knew every shelf, every rare book, and even the most frequent readers. Clara believed that every book had its own story, not just within its pages but also through the hands it had passed.

It was a Tuesday morning, and the library was especially busy. The "Treasures of World Literature" exhibition had opened over the weekend, attracting book lovers from across the city. Among the relics on display was a rare edition of "The Lusiads", printed in the 16th century and worth a small fortune. Clara felt a special pride in that piece, which had been loaned from a private collection for the showcase.

However, as she passed through the exhibition hall during her break, something caught her attention. The display case where the book was showcased was... empty. Clara's heart raced.

"This has to be a mistake," she murmured to herself, trying to stay calm.

She checked the security cameras with the help of Vicente, the library's custodian and her trusted confidant. The footage showed a well-dressed man carrying a briefcase and closely examining the book. However, the cameras mysteriously cut out for two minutes. When they came back online, the man was gone—and so was the book.

Clara began gathering clues discreetly. The last thing she wanted was to alarm visitors or, worse, her superiors. Her first stop was the guest list from the exhibit's opening night. Many renowned academics had attended, including Professor Artur Vasconcelos, a historian known for both his brilliance and competitiveness.

That afternoon, Clara called Artur under the pretense of confirming his attendance at an upcoming lecture. He sounded nervous, stumbling over simple questions. This was enough to raise her suspicions.

"Why would someone so passionate about rare books act so strangely?" Clara wondered.

She decided to visit the university history department where Artur worked. There, she uncovered something intriguing: Artur was locked in a heated rivalry with another historian, Dr. Henrique Alencar, over the authenticity of a manuscript Henrique claimed to be a groundbreaking discovery.

The next day, Clara found a reason to visit Artur at his home. He welcomed her, visibly uncomfortable but polite. While they had coffee, Clara noticed a folder on the table bearing the Central Library's logo.

"Looks like you've been at the library recently, Professor," Clara remarked casually.

Artur flushed, but before he could reply, a noise came from another room. Taking advantage of the distraction, Clara opened the folder. Inside, she found notes about "The Lusiads" and a receipt from an auction house.

Artur confessed. He had planned to steal the book to prove that Henrique was using a forgery as the basis for his research. However, upon leaving the library, he realized he couldn't go through with the plan. The book was hidden in his office.

"I never intended to sell it or damage it, Clara! I just needed to prove a point," he pleaded.

Clara retrieved the book and, to avoid scandal, negotiated with Artur. He would return the book without involving the police, provided he admitted his mistakes publicly. As a result, Professor Henrique was able to present his findings without being undermined.

The exhibition continued successfully, and Clara earned the admiration of her colleagues for her cleverness and discretion.

That evening, as she closed the library, Clara ran her hand over the display case now containing "The Lusiads" once more.

"Every book has a story, and this one almost wrote its own," she said with a smile.

And with that, she turned off the lights.

# O Sussurro na Favela

O céu sobre São Paulo estava carregado, refletindo o humor sombrio de Rafael "Rafa" Pereira enquanto ele olhava para a tela de seu laptop no pequeno apartamento que chamava de escritório. Jornalista investigativo, Rafa já tinha desvendado alguns dos maiores escândalos do país, mas não sem pagar um preço. Cicatrizes em seu corpo e alma o lembravam de como sua busca pela verdade muitas vezes o colocava em perigo.

Enquanto ele revisava um artigo sobre corrupção em obras públicas, uma mensagem anônima apareceu em seu celular:

"Quer saber como o deputado Almir Braga financia suas campanhas? Vá ao Beco do Silêncio na Favela da Esperança. 23h. Venha sozinho."

O nome Almir Braga não era novo para Rafa. Deputado federal, conhecido por sua retórica populista, Almir tinha uma reputação tão limpa quanto a de um santo—pelo menos, na superfície. Rafa sabia que políticos com carreiras brilhantes muitas vezes escondiam segredos sombrios.

Quando o relógio marcou 22h30, Rafa já estava a caminho da Favela da Esperança, uma área que ele conhecia bem. Crescera em uma comunidade semelhante e entendia os códigos não escritos que governavam aquele mundo. Com uma mochila contendo uma câmera, um gravador e um notebook, ele atravessou vielas estreitas, os sons de música alta e risadas ao longe servindo como pano de fundo.

No Beco do Silêncio, um homem encapuzado o esperava.

— Você é o Rafa? — perguntou em um sussurro.

Rafa assentiu. O homem entregou um pendrive e falou rapidamente:

— Isso é só a ponta do iceberg. Almir Braga trabalha com o cartel dos "Irmãos do Norte". Drogas, armas, lavagem de dinheiro. Tudo documentado. Mas cuidado, eles já sabem que você está investigando.

Antes que Rafa pudesse perguntar mais, o homem desapareceu na escuridão.

De volta ao apartamento, Rafa conectou o pendrive ao laptop. Dentro, havia um dossiê: planilhas de transferências bancárias, fotos de reuniões clandestinas, e até mensagens de texto entre Braga e membros do cartel. Cada detalhe confirmava o envolvimento do deputado com os "Irmãos do Norte".

A investigação começava a se conectar. Rafa já havia ouvido rumores sobre um esquema de tráfico que utilizava empresas fantasmas para lavar dinheiro. Agora, ele tinha provas concretas.

Nos dias seguintes, Rafa usou sua rede de contatos para confirmar os dados. Mas logo percebeu que estava sendo seguido. Dois homens em uma moto apareceram frequentemente perto de sua casa. Um dia, ao sair de um café, encontrou um bilhete preso no para-brisa de seu carro:

"Pare agora, ou será o último artigo que você escreverá."

Rafa sabia que recuar não era uma opção. Em vez disso, ele reforçou sua segurança digital. Utilizando programas de criptografia e comunicação segura, começou a enviar trechos da investigação a colegas de confiança e ativistas anticorrupção.

A tensão aumentou quando, uma semana depois, Rafa recebeu um telefonema de um contato no Ministério Público:

— Rafa, ouvi dizer que você está com provas contra Braga. Tome cuidado. Esse homem tem pessoas dentro da polícia e do judiciário. Nada impede que eles apaguem você.

Rafa sentiu o peso da advertência, mas algo dentro dele o impulsionava a continuar. Naquela noite, enquanto revisava o material, ouviu passos no corredor. O som parou na porta. Rafa apagou as luzes e pegou uma faca da cozinha.

Momentos depois, a porta foi forçada. Dois homens armados invadiram o apartamento. Rafa conseguiu escapar pela janela, mas não sem ser ferido de raspão no ombro. Ele sabia que não podia voltar para casa.

Ferido, exausto, mas determinado, Rafa passou as próximas 48 horas escondido em um abrigo fornecido por um amigo. Ele decidiu liberar toda a investigação de uma só vez. Com a ajuda de um site internacional de denúncias, publicou o dossiê completo, incluindo evidências de corrupção, tráfico e conexões do deputado com os "Irmãos do Norte".

O impacto foi imediato. Manchetes explodiram por todo o país, e as redes sociais exigiram investigações. Apesar do poder de

Braga, a pressão pública era imensa. Uma semana depois, o deputado foi preso em uma operação conduzida por forças independentes da Polícia Federal.

Mesmo com Braga preso, Rafa sabia que o perigo ainda o rondava. Mudou-se para outra cidade e continuou seu trabalho como jornalista, agora mais cauteloso, mas igualmente comprometido.

Enquanto observava a manchete sobre a queda de Almir Braga, Rafa sentiu um misto de satisfação e cansaço. Ele sabia que a batalha pela verdade nunca terminava, mas, por enquanto, podia respirar aliviado.

E em algum lugar na Favela da Esperança, o homem encapuzado sorria, sabendo que seu sussurro havia se transformado em um grito.

# The Whisper in the Favela

The sky over São Paulo was heavy, mirroring the somber mood of Rafael "Rafa" Pereira as he stared at the screen of his laptop in the small apartment he called his office. An investigative journalist, Rafa had uncovered some of the country's biggest scandals, but not without paying a price. Scars on his body and soul reminded him how often his pursuit of truth had put him in danger.

As he reviewed an article on corruption in public works, an anonymous message appeared on his phone:

*"Want to know how Deputy Almir Braga funds his campaigns? Go to the Beco do Silêncio in the Favela da Esperança. 11 p.m. Come alone."*

The name Almir Braga wasn't new to Rafa. A federal deputy known for his populist rhetoric, Almir had a reputation as spotless as a saint's—or so it seemed. Rafa knew that politicians with brilliant careers often hid dark secrets.

At 10:30 p.m., Rafa was already on his way to the Favela da Esperança, an area he knew well. He had grown up in a similar community and understood the unspoken codes that governed that world. With a backpack containing a camera, a recorder, and a notebook, he navigated narrow alleys, the sounds of loud music and distant laughter serving as background noise.

In the Beco do Silêncio, a hooded man was waiting.

"Are you Rafa?" the man whispered.

Rafa nodded. The man handed him a flash drive and spoke quickly:

"This is just the tip of the iceberg. Almir Braga works with the 'Brothers of the North' cartel—drugs, weapons, money laundering. It's all documented. But be careful—they already know you're investigating."

Before Rafa could ask more, the man vanished into the darkness.

Back at his apartment, Rafa plugged the flash drive into his laptop. Inside was a dossier: spreadsheets of bank transfers, photos of secret meetings, and even text messages between Braga and members of the cartel. Every detail confirmed the deputy's involvement with the "Brothers of the North."

The pieces of the puzzle were starting to come together. Rafa had heard rumors about a trafficking scheme using shell companies for money laundering. Now he had concrete proof.

In the following days, Rafa used his network of contacts to verify the data. But he soon realized he was being followed. Two men on a motorcycle frequently appeared near his home. One day, after leaving a café, he found a note stuck to his car's windshield:

*"Stop now, or this will be the last article you ever write."*

Rafa knew backing down wasn't an option. Instead, he strengthened his digital security. Using encryption programs and secure communication methods, he began sending parts of the investigation to trusted colleagues and anti-corruption activists.

The tension escalated a week later when Rafa received a call from a contact in the Public Prosecutor's Office:

"Rafa, I've heard you've got evidence against Braga. Be careful. This man has people in the police and judiciary. There's nothing stopping them from silencing you."

Rafa felt the weight of the warning, but something inside him pushed him to continue. That night, as he reviewed the material, he heard footsteps in the hallway. The sound stopped at his door. Rafa turned off the lights and grabbed a knife from the kitchen.

Moments later, the door was forced open. Two armed men stormed into the apartment. Rafa managed to escape through the window, but not without a graze to his shoulder. He knew he couldn't return home.

Wounded, exhausted, but determined, Rafa spent the next 48 hours hiding in a shelter provided by a friend. He decided to release the entire investigation at once. With the help of an international whistleblowing site, he published the complete dossier, including evidence of corruption, trafficking, and the deputy's connections to the "Brothers of the North."

The impact was immediate. Headlines exploded across the country, and social media demanded investigations. Despite Braga's power, the public pressure was immense. A week later, the deputy was arrested in an operation led by independent units of the Federal Police.

Even with Braga behind bars, Rafa knew the danger still loomed. He moved to another city and continued his work as a journalist, now more cautious but just as committed.

As he read the headline about Almir Braga's downfall, Rafa felt a mix of satisfaction and exhaustion. He knew the battle for truth never truly ended, but for now, he could breathe a little easier.

And somewhere in the Favela da Esperança, the hooded man smiled, knowing that his whisper had turned into a roar.

# Mistério no Chalé das Flores

O Chalé das Flores era conhecido por sua beleza bucólica e tranquilidade. Localizado nas montanhas de Minas Gerais, o lugar oferecia refúgio para quem queria escapar do ritmo frenético da cidade. Margarida Lemos, uma professora aposentada de literatura, escolheu passar alguns dias ali para relaxar e, de quebra, prestigiar o casamento de Clara e Pedro, filhos de velhos amigos.

Logo ao chegar, Margarida foi recebida pelo aroma doce das flores que davam nome ao chalé. Rosas, hortênsias e jasmins adornavam o jardim, onde os preparativos do casamento estavam a todo vapor. Na recepção, conheceu outros convidados, incluindo uma figura que chamou sua atenção: Humberto Vasconcelos, um advogado famoso por sua arrogância e maneiras condescendentes.

— Que tipo de homem vem a um casamento com tanta empáfia? — Margarida pensou, mas manteve o comentário para si mesma.

A cerimônia foi encantadora, com os noivos trocando votos sob um arco de flores. Durante a festa, porém, Margarida notou uma tensão no ar. Humberto parecia discutir discretamente com Camila, uma prima da noiva. Os sorrisos forçados e gestos nervosos não passaram despercebidos aos olhos atentos de Margarida.

Mais tarde naquela noite, enquanto todos já estavam em seus quartos, um grito ecoou pelo chalé. Margarida saiu de sua cama e, vestida com um robe, foi até o corredor. Outros hóspedes também haviam acordado, e todos seguiram o som até o jardim. Lá, debaixo de uma trepadeira de jasmins, encontraram o corpo de Humberto. Ele estava caído, imóvel, com uma expressão de pânico no rosto.

— Alguém ligue para a polícia! — gritou Camila, visivelmente abalada.

A polícia chegou pela manhã e isolou a área. O delegado Marcos Antunes, experiente e metódico, começou a interrogar os presentes. Margarida, porém, percebeu que havia algo que o delegado ignorava: os detalhes. Enquanto ele fazia perguntas gerais, ela observava os rostos, os olhares e os gestos dos outros hóspedes.

Ao caminhar pelo jardim, notou uma taça caída próxima ao corpo de Humberto. Uma leve mancha arroxeada na grama indicava que vinho havia sido derramado.

— Envenenamento? — Margarida murmurou, anotando mentalmente o detalhe.

Ela também ouviu murmúrios entre os convidados sobre a vida controversa de Humberto. Descobriu que ele estava envolvido em disputas familiares e brigas financeiras com vários membros da família.

Enquanto a polícia continuava sua investigação, Margarida decidiu seguir seus próprios métodos. Começou conversando com Camila, que estava claramente nervosa.

— Você parecia discutir com Humberto ontem à noite. O que aconteceu? — perguntou Margarida, com um tom calmo, mas firme.

— Ele... Ele estava me chantageando, — confessou Camila, em um sussurro. Disse que tinha provas de algo que poderia arruinar minha carreira. Mas eu juro que não o machuquei!

Margarida também falou com outros hóspedes e funcionários. Soube, por exemplo, que Humberto havia discutido com Roberto, o irmão do noivo, por causa de uma dívida antiga. E, de forma curiosa, a empregada do chalé mencionou que viu Humberto conversando com alguém pelo telefone, mas a ligação foi tão intensa que ele chegou a derrubar uma garrafa de vinho.

Voltando à cena do crime, Margarida examinou a área novamente e encontrou algo que a polícia não havia percebido: uma flor caída próxima ao corpo, uma dedaleira. Ela reconheceu a planta como venenosa e, ao olhar para a mancha de vinho, teve sua suspeita confirmada.

— O veneno estava no vinho. Mas quem serviu a taça?

Após juntar as peças, Margarida chamou o delegado e pediu para reunir todos no salão principal do chalé.

— A morte de Humberto não foi um acidente, mas um crime meticulosamente planejado, — começou Margarida.

Ela apontou para Camila, Roberto e até mesmo o dono do chalé como pessoas com motivos para querer Humberto morto. Porém, revelou que a empregada, Dona Lurdes, havia mencionado um detalhe crucial: Ana, a noiva, foi quem entregou a taça de vinho a Humberto.

— Ana? — Pedro exclamou, surpreso.

Margarida explicou: Humberto descobriu que Ana havia falsificado documentos para proteger a empresa da família de um escândalo. Com medo de que ele estragasse seu casamento, ela decidiu eliminá-lo.

— Usei o veneno da flor por impulso, mas não queria que as coisas terminassem assim! — Ana confessou, aos prantos.

Ana foi levada pela polícia, e a festa terminou de forma amarga. Apesar do ambiente tenso, muitos agradeceram a Margarida por sua perspicácia.

De volta ao seu quarto, Margarida suspirou, observando o jardim pela janela. A beleza das flores escondia segredos perigosos, mas ela sabia que seu instinto de professora — e agora detetive amadora — jamais a deixaria descansar diante de um mistério.

E assim, o Chalé das Flores voltava ao silêncio, mas nunca mais seria o mesmo.

# Mystery at the Flower Chalet

The Flower Chalet was known for its idyllic beauty and tranquil atmosphere. Nestled in the mountains of Minas Gerais, it offered a refuge for those seeking to escape the frantic pace of city life. Margarida Lemos, a retired literature teacher, had chosen to spend a few days there to relax and attend the wedding of Clara and Pedro, the children of old friends.

Upon arrival, Margarida was greeted by the sweet aroma of the flowers that gave the chalet its name. Roses, hydrangeas, and jasmine adorned the garden, where wedding preparations were in full swing. At the reception, she met other guests, including one figure who immediately caught her attention: Humberto Vasconcelos, a lawyer infamous for his arrogance and condescending manners.

"What kind of man comes to a wedding with so much pompousness?" thought Margarida but kept her comment to herself.

The ceremony was enchanting, with the couple exchanging vows beneath an arch of flowers. During the reception, however, Margarida sensed a tension in the air. Humberto appeared to be having a discreet argument with Camila, a cousin of the bride. The forced smiles and nervous gestures did not escape Margarida's keen eye.

Later that night, when everyone had retired to their rooms, a scream echoed through the chalet. Margarida got out of bed, throwing on her robe, and stepped into the corridor. Other guests had also been awakened, and they all followed the sound to the garden. There, beneath a jasmine trellis, they found Humberto's body. He was lying motionless, his face frozen in an expression of panic.

"Someone call the police!" Camila cried, visibly shaken.

The police arrived by morning and cordoned off the area. Detective Marcos Antunes, seasoned and methodical, began questioning the guests. Margarida, however, noticed that the detective was overlooking important details. While he focused on general questions, she observed the faces, glances, and gestures of the other guests.

Walking through the garden, she noticed a glass lying near Humberto's body. A faint purple stain on the grass suggested that wine had been spilled.

"Poisoning?" Margarida murmured, mentally noting the detail.

She also overheard whispers among the guests about Humberto's controversial life. It seemed he had been involved in family disputes and financial quarrels with several relatives.

While the police continued their investigation, Margarida decided to follow her own methods. She started by talking to Camila, who was clearly on edge.

"You seemed to be arguing with Humberto last night. What happened?" Margarida asked, her tone calm but firm.

"He... He was blackmailing me," Camila confessed in a whisper. "He said he had evidence that could ruin my career. But I swear, I didn't hurt him!"

Margarida also spoke with other guests and staff. She learned that Humberto had argued with Roberto, the groom's brother, over an old debt. Curiously, a chalet maid mentioned seeing Humberto on an intense phone call, during which he knocked over a bottle of wine.

Returning to the crime scene, Margarida examined the area again and found something the police had missed: a fallen flower near the body—a foxglove. She recognized the plant as poisonous and, linking it to the spilled wine, confirmed her suspicion.

"The poison was in the wine. But who served the glass?"

After piecing the clues together, Margarida called for the detective and asked to gather everyone in the chalet's main hall.

"Humberto's death was no accident but a meticulously planned crime," Margarida began.

She pointed to Camila, Roberto, and even the chalet's owner as individuals with motives for wanting Humberto dead. However, she revealed that the maid, Dona Lurdes, had mentioned a crucial detail: Ana, the bride, had been the one to hand Humberto the glass of wine.

"Ana?" Pedro exclaimed, shocked.

Margarida explained: Humberto had discovered that Ana had falsified documents to protect her family's company from a scandal. Fearing he would ruin her wedding, she decided to eliminate him.

"I used the poison from the flower on impulse, but I never wanted it to end like this!" Ana confessed, sobbing.

Ana was taken away by the police, and the celebration ended on a bitter note. Despite the tense atmosphere, many thanked Margarida for her keen insight.

Back in her room, Margarida sighed, gazing out at the garden through the window. The beauty of the flowers concealed dangerous secrets, but she knew her instincts as a teacher—and now amateur detective—would never let her rest in the face of a mystery.

And so, the Flower Chalet returned to silence, though it would never be the same.

# As Sombras do Solar Azul

Helena Duarte mal podia conter a empolgação ao olhar para o Solar Azul pela primeira vez. Localizado em uma colina com vista para o mar na Bahia, a antiga mansão de fachadas azuis desbotadas era um misto de beleza e decadência. Como historiadora especializada em restaurações, Helena havia sido contratada por uma fundação cultural para investigar a história do lugar enquanto supervisionava sua reforma.

— Um desafio fascinante, — murmurou para si mesma, enquanto passava pela imponente porta de madeira esculpida, que rangia como se protestasse contra a presença de um intruso.

O Solar Azul fora construído no final do século XIX por Beatriz Amaral, uma mulher de grande influência e riqueza. Helena sabia, porém, que a história de Dona Beatriz terminava tragicamente: encontrada morta em seu quarto, as circunstâncias de sua morte eram tão nebulosas quanto a névoa que frequentemente envolvia a mansão ao amanhecer.

Os primeiros dias de Helena no Solar foram dedicados a explorar os muitos quartos, salões e corredores. Cada canto parecia sussurrar histórias esquecidas, e Helena sentia que a mansão guardava mais do que objetos antigos.

— Há algo aqui que não quer ser esquecido, — ela comentou com o arquiteto-chefe da restauração, Paulo.

Ele apenas riu, mas o olhar de Helena permaneceu sério.

Enquanto vasculhava um antigo baú no escritório de Dona Beatriz, Helena encontrou um diário escondido sob camadas de tecido mofado. As páginas estavam amareladas e algumas palavras ilegíveis, mas o que conseguiu ler a deixou intrigada.

— "Ele está me observando novamente. Sei que não posso confiar nele."

Helena ficou arrepiada. As palavras sugeriam que Dona Beatriz desconfiava de alguém próximo. Seria o marido, o misterioso comerciante português Antônio Amaral? Ou talvez um dos empregados?

Nos dias seguintes, Helena mergulhou no diário, tentando reconstruir a vida e os últimos momentos de Beatriz. Descobriu que a mulher mencionava frequentemente uma figura chamada "O Homem do Mar", alguém que parecia visitar o solar à noite.

— Será que isso é metáfora ou realidade? — perguntou-se, sentindo um misto de medo e excitação.

À medida que as reformas avançavam, eventos estranhos começaram a ocorrer. Uma noite, enquanto analisava documentos no escritório, Helena ouviu passos vindos do corredor. Ao verificar, encontrou o espaço vazio, mas o som de algo arrastando no chão ecoou atrás dela.

— Paulo? É você? — chamou, mas não obteve resposta.

Ao voltar ao escritório, encontrou o diário de Dona Beatriz aberto em uma página específica:

— "Ele diz que o azul protege, mas sinto que estou cercada por sombras."

Helena sentiu um frio subir pela espinha. O "azul" parecia ser mais do que apenas a cor da mansão; era um símbolo de algo que Beatriz acreditava ser tanto sua proteção quanto sua prisão.

Determinada a descobrir mais, Helena procurou registros na biblioteca pública da cidade e conversou com descendentes de antigos empregados do solar. Descobriu que Dona Beatriz tinha se envolvido em um intenso conflito com o marido. Antônio queria vender o solar e mudar-se para Lisboa, enquanto Beatriz insistia em ficar, alegando que o lugar guardava segredos que não poderiam ser abandonados.

Um relato chamou a atenção de Helena: um dos empregados dizia que, na noite da morte de Beatriz, ouviu gritos abafados e viu Antônio sair do quarto com as mãos sujas de tinta azul.

Helena voltou ao Solar Azul decidida a procurar evidências no quarto de Beatriz. Com a ajuda de Paulo, conseguiu mover um antigo armário, revelando uma parede manchada com tinta azul. Ela percebeu que ali havia algo escondido.

Após horas de trabalho, Helena encontrou uma pequena cavidade na parede, onde estava guardada uma carta escrita por Beatriz pouco antes de sua morte. A carta revelava que Antônio a havia ameaçado de morte após descobrir que ela tinha transferido a propriedade do solar para uma organização de caridade local.

— "Se algo me acontecer, saibam que a culpa é dele. O azul protegerá a verdade."

Ao ler a carta, Helena finalmente entendeu: Beatriz havia deixado pistas para incriminar o marido, mas nunca teve a chance de ver a justiça ser feita.

Com as novas informações, Helena entregou a carta às autoridades, que iniciaram uma investigação sobre a morte de Beatriz. Embora o caso tivesse mais de cem anos, a descoberta trouxe à tona histórias de abuso e ganância que ecoavam até os dias de hoje.

Na última noite antes de terminar o trabalho no Solar Azul, Helena teve um sonho vívido. Viu Dona Beatriz em pé diante da janela do quarto, olhando para o mar.

— Obrigada, Helena, por ouvir minhas sombras, — disse a figura antes de desaparecer na luz do amanhecer.

Helena acordou com lágrimas nos olhos, mas com a sensação de que havia feito algo importante: devolvido a voz a uma mulher cuja história estava enterrada sob camadas de tinta e silêncio.

# The Shadows of the Blue Manor

Helena Duarte could barely contain her excitement as she gazed at the Blue Manor for the first time. Perched on a hill overlooking the sea in Bahia, the old mansion, with its faded blue facades, was a blend of beauty and decay. As a historian specializing in restorations, Helena had been hired by a cultural foundation to uncover the history of the place while overseeing its renovation.

"A fascinating challenge," she murmured to herself as she passed through the imposing carved wooden door, which creaked as if protesting the presence of an intruder.

The Blue Manor had been built at the end of the 19th century by Beatriz Amaral, a woman of great influence and wealth. Helena knew, however, that Dona Beatriz's story ended tragically: she was found dead in her room under circumstances as murky as the mist that often enveloped the manor at dawn.

Helena spent her first days at the Blue Manor exploring its many rooms, halls, and corridors. Each corner seemed to whisper forgotten stories, and Helena felt that the manor held more than just old objects.

"There's something here that doesn't want to be forgotten," she remarked to Paulo, the chief architect of the restoration.

He merely laughed, but Helena's gaze remained serious.

While rummaging through an old chest in Dona Beatriz's study, Helena discovered a diary hidden beneath layers of moldy fabric. The pages were yellowed, and some words were illegible, but what she managed to read intrigued her.

"He's watching me again. I know I can't trust him."

Helena shuddered. The words suggested that Dona Beatriz suspected someone close to her. Could it have been her husband, the mysterious Portuguese merchant Antônio Amaral? Or perhaps one of the servants?

In the following days, Helena delved into the diary, trying to piece together Beatriz's life and final moments. She discovered frequent mentions of a figure referred to as "The Man from the Sea," someone who seemed to visit the manor at night.

"Is this a metaphor or reality?" she wondered, feeling a mixture of fear and excitement.

As the renovations progressed, strange events began to occur. One night, while reviewing documents in the study, Helena heard footsteps in the hallway. When she checked, the space was empty, but the sound of something dragging on the floor echoed behind her.

"Paulo? Is that you?" she called out, but there was no answer.

When she returned to the study, she found Dona Beatriz's diary open to a specific page:

"He says the blue protects, but I feel surrounded by shadows."

A chill ran down Helena's spine. The "blue" seemed to represent more than just the color of the manor; it was a symbol of something Beatriz believed to be both her protection and her prison.

Determined to uncover more, Helena searched local library archives and spoke with descendants of the manor's former staff. She learned that Dona Beatriz had been in intense conflict with her husband. Antônio wanted to sell the manor and move to Lisbon, while Beatriz insisted on staying, claiming the place held secrets that couldn't be abandoned.

One account caught Helena's attention: a former servant reported hearing muffled screams on the night Beatriz died and seeing Antônio leave the bedroom with hands stained in blue paint.

Helena returned to the Blue Manor, determined to search Beatriz's room for evidence. With Paulo's help, she moved an old wardrobe, revealing a wall stained with blue paint. She realized something was hidden there.

After hours of work, Helena uncovered a small cavity in the wall containing a letter written by Beatriz shortly before her death. The letter revealed that Antônio had threatened to kill her after discovering she had transferred ownership of the manor to a local charity organization.

"If anything happens to me, know that it was his doing. The blue will protect the truth."

As Helena read the letter, she finally understood: Beatriz had left clues to incriminate her husband, but she never lived to see justice served.

Armed with this new evidence, Helena handed the letter to the authorities, prompting an investigation into Beatriz's death. Although the case was over a century old, the discovery unearthed stories of abuse and greed that still resonated today.

On the last night before finishing her work at the Blue Manor, Helena had a vivid dream. She saw Dona Beatriz standing by the window of her room, gazing out at the sea.

"Thank you, Helena, for listening to my shadows," said the figure before fading into the dawn's light.

Helena awoke with tears in her eyes but with a sense of accomplishment. She had given a voice to a woman whose story had been buried beneath layers of paint and silence.

# Um Homem Chamado Vicente

O calor sufocante do Rio de Janeiro parecia pesar ainda mais sobre os ombros do delegado Vicente Marcondes naquela manhã. Sentado à mesa de seu escritório na 5ª Delegacia de Polícia, ele fitava o laudo de uma ocorrência que, à primeira vista, parecia simples: um empresário renomado, Álvaro Medeiros, encontrado morto em sua luxuosa cobertura em Ipanema. O relatório preliminar indicava suicídio.

Mas Vicente, com seus 25 anos de experiência, sabia que nada no mundo do crime era tão simples quanto parecia.

— Suicídio, hein? — murmurou, puxando o cigarro para perto dos lábios. Ele não tinha o hábito de acreditar no óbvio.

Vicente chegou à cobertura acompanhado de sua assistente, a investigadora Júlia Castro. O apartamento era um reflexo da vida de Álvaro: amplo, sofisticado, mas frio.

O corpo havia sido removido, mas os vestígios ainda estavam ali. Uma cadeira caída perto da varanda, um copo de uísque pela metade sobre a mesa, e um bilhete de despedida rabiscado às pressas:

— "Não posso mais continuar. Desculpem."

— Muito conveniente, não acha? — comentou Júlia, examinando o bilhete.

Vicente acendeu outro cigarro e se aproximou da varanda. A vista era deslumbrante, mas algo no cenário o incomodava.

— Quem escreve um bilhete de suicídio assim e o deixa ao lado de um copo de uísque, mas não toca na bebida? — perguntou.

— Pode ser só nervosismo, — sugeriu Júlia.

— Ou pode ser algo mais.

Álvaro era conhecido tanto por seu sucesso empresarial quanto por sua vida pessoal tumultuada. Dois nomes surgiram imediatamente na investigação: sua esposa, Regina Medeiros, e seu sócio, Paulo Moreira.

Regina parecia desconsolada ao ser interrogada.

— Álvaro estava diferente nas últimas semanas. Ele tinha um peso nos ombros... mas nunca imaginei que faria algo assim, — disse, enxugando lágrimas que pareciam genuínas demais para Vicente.

Já Paulo, ao contrário, estava irritado e evasivo.

— Eu e Álvaro discordávamos sobre algumas decisões na empresa, mas isso não significa nada! Ele era meu amigo.

Vicente anotou cada palavra. Ele sabia que o comportamento inicial das pessoas muitas vezes revelava mais do que elas imaginavam.

Enquanto Vicente revisava os relatórios financeiros da empresa de Álvaro, encontrou algo curioso: grandes quantias transferidas para contas no exterior, feitas sem o conhecimento de Paulo.

— E se Álvaro estava escondendo algo? — questionou Júlia.

— Ou alguém estava escondendo isso dele, — respondeu Vicente, com os olhos semicerrados.

Uma conversa com o contador da empresa revelou mais uma peça do quebra-cabeça: Álvaro suspeitava que alguém o estava enganando e havia contratado um investigador particular poucos dias antes de sua morte.

Vicente localizou o escritório do investigador contratado por Álvaro, mas encontrou as portas trancadas e sinais de que o lugar havia sido revirado.

— Parece que alguém não quer que encontremos as respostas, — disse Júlia, observando os papéis espalhados pelo chão.

Uma única pista foi recuperada: uma fotografia de Paulo Moreira com um homem desconhecido em um restaurante discreto no centro da cidade.

— Quem é esse? — perguntou Vicente, estudando a imagem.

Vicente decidiu confrontar Paulo diretamente.

— Reconhece este homem? — perguntou, colocando a fotografia sobre a mesa.

Paulo empalideceu, mas manteve a compostura.

— É só um cliente, nada mais.

Mas Vicente sabia que Paulo estava mentindo. Com a ajuda de Júlia, rastreou o homem da fotografia, um intermediário conhecido no submundo carioca por facilitar negócios ilícitos.

Sob pressão, o homem revelou a verdade: Paulo havia descoberto as transferências feitas por Álvaro e temia que isso prejudicasse sua parte na empresa. Uma discussão acalorada levou Paulo a planejar um encontro com Álvaro na noite de sua morte, onde, segundo ele, "as coisas saíram do controle".

— Ele caiu. Eu não queria... mas ele caiu, — confessou, enquanto Vicente e Júlia ouviam em silêncio.

Vicente entregou Paulo à Justiça, mas a confissão não trouxe alívio. Olhando para o caso, ele sabia que a ganância e o medo haviam transformado vidas e destruído outras.

No final daquela noite, sentado em seu pequeno apartamento com uma garrafa de cachaça barata, Vicente refletiu sobre a complexidade da natureza humana. Não era a primeira vez que via o pior das pessoas, e certamente não seria a última.

— Um homem morto, uma empresa em ruínas, e tudo isso por causa de dinheiro, — murmurou, acendendo outro cigarro.

Ele sabia que a justiça nunca era perfeita, mas era tudo o que tinha.

# A Man Named Vicente

The stifling heat of Rio de Janeiro seemed to weigh even heavier on Detective Vicente Marcondes' shoulders that morning. Sitting at his desk in the 5th Police Precinct, he stared at the report of a case that, at first glance, seemed straightforward: Álvaro Medeiros, a renowned businessman, found dead in his luxurious penthouse in Ipanema. The preliminary report suggested suicide.

But Vicente, with 25 years of experience, knew that nothing in the world of crime was ever as simple as it seemed.

"Suicide, huh?" he muttered, pulling his cigarette closer to his lips. He was not one to believe in the obvious.

Vicente arrived at the penthouse accompanied by his assistant, Investigator Júlia Castro. The apartment was a reflection of Álvaro's life: spacious, sophisticated, but cold.

The body had been removed, but the traces were still there—a toppled chair near the balcony, a half-finished glass of whiskey on the table, and a hastily scribbled note of farewell:

"I can't go on anymore. Forgive me."

"Very convenient, don't you think?" commented Júlia, examining the note.

Vicente lit another cigarette and walked over to the balcony. The view was stunning, but something about the scene unsettled him.

"Who writes a suicide note like that, leaves it next to a glass of whiskey, but doesn't touch the drink?" he asked.

"Maybe just nerves," Júlia suggested.

"Or maybe something more."

Álvaro was known not only for his business success but also for his tumultuous personal life. Two names quickly emerged in the investigation: his wife, Regina Medeiros, and his business partner, Paulo Moreira.

Regina appeared distraught during her interrogation.

"Álvaro had been different in the last few weeks. He was carrying a heavy burden... but I never imagined he'd do something like this," she said, wiping tears that seemed a little too rehearsed for Vicente's taste.

Paulo, on the other hand, was irritated and evasive.

"Álvaro and I disagreed about some business decisions, but that doesn't mean anything! He was my friend."

Vicente noted every word. He knew that initial reactions often revealed more than people intended.

As Vicente reviewed Álvaro's financial records, something curious caught his eye—large sums of money transferred to offshore accounts, without Paulo's knowledge.

"What if Álvaro was hiding something?" Júlia asked.

"Or someone was hiding it from him," Vicente replied, narrowing his eyes.

A conversation with the company accountant revealed another piece of the puzzle: Álvaro had suspected foul play and hired a private investigator just days before his death.

Vicente tracked down the office of the private investigator hired by Álvaro, but found the doors locked and signs that the place had been ransacked.

"Looks like someone doesn't want us finding answers," Júlia said, surveying the papers scattered on the floor.

One clue stood out—a photograph of Paulo Moreira with an unknown man in a discreet restaurant in downtown Rio.

"Who is this?" Vicente wondered aloud, studying the image.

Vicente decided to confront Paulo directly.

"Do you recognize this man?" he asked, placing the photograph on the table.

Paulo paled but maintained his composure.

"He's just a client, nothing more."

But Vicente knew Paulo was lying. With Júlia's help, he tracked down the man in the photo, an intermediary known in the city's underworld for facilitating shady deals.

Under pressure, the man revealed the truth: Paulo had discovered Álvaro's secret transfers and feared it would jeopardize his stake in the company. A heated argument led Paulo to arrange a meeting with Álvaro on the night of his death, where, according to him, "things got out of control."

"He fell. I didn't mean to... but he fell," Paulo confessed, as Vicente and Júlia listened in silence.

Vicente handed Paulo over to the authorities, but the confession brought no relief. Looking back at the case, he knew that greed and fear had ruined lives and ended others.

Later that night, sitting alone in his modest apartment with a bottle of cheap cachaça, Vicente reflected on the complexity of human nature. It wasn't the first time he'd seen the worst in people, and it certainly wouldn't be the last.

"A dead man, a ruined company, and all of it over money," he murmured, lighting another cigarette.

Justice was never perfect, but it was all he had.

# A Fuga de Dona Jurema

Era mais um dia abafado em Belo Horizonte, e Dona Jurema estava sentada no banco da pracinha do bairro, abanando-se com um leque velho que havia "adquirido" anos atrás de um mercadinho. Aos 72 anos, ela era conhecida entre os vizinhos como uma senhorinha simpática, que adorava contar histórias do passado. Mal sabiam eles que Dona Jurema era uma das maiores golpistas que a cidade já vira.

— Ô, dona Jurema, a senhora não cansa de se enfiar em encrenca, não? — brincou Valdir, o vendedor ambulante, enquanto passava com sua carrocinha de caldo de cana.

— Que é isso, meu filho? Só quero paz nessa vida, — respondeu ela com um sorriso matreiro.

Mas naquele dia, a paz estava longe.

Tudo começou quando dois policiais apareceram na porta de seu pequeno apartamento no final da tarde.

— Dona Jurema Soares? A senhora está sendo chamada para prestar esclarecimentos sobre o assassinato de Arnaldo Gouveia, — disse o sargento Brandão, com a expressão séria.

— Assassinato? Que isso, moço! Só mato formiga que invade minha cozinha!

Arnaldo era um antigo parceiro de golpes de Jurema, mas os dois haviam se desentendido anos antes. Encontraram o corpo dele em um motel de segunda categoria, com a carteira vazia e um bilhete com o nome de Jurema rabiscado.

— Alguém tá tentando me ferrar, só pode, — resmungou ela, enquanto era levada para a delegacia.

Sentada na cela fria, Jurema começou a pensar. Ela sabia que, se não agisse rápido, poderia acabar pagando por algo que não fez.

— Preciso sair daqui, e rápido, — murmurou para si mesma, observando as outras detentas jogando cartas num canto.

Com sua habilidade inata de persuasão, logo convenceu uma das guardas a lhe trazer um cafezinho.

— Ô, querida, você me lembra tanto minha neta. Uma menina doce, batalhadora. Deve ser difícil trabalhar tanto assim, né?

Em menos de uma hora, a guarda estava deixando a porta da cela "acidentalmente" destrancada.

— Essas meninas são tão fáceis, — pensou Jurema, enquanto escapava pela saída dos fundos.

A notícia da fuga se espalhou rápido. Brandão, furioso, organizou uma busca pela cidade.

Enquanto isso, Jurema sabia exatamente para onde ir. Ela se escondeu no barracão de seu amigo Zeca, um mecânico que devia favores a ela desde o último golpe que haviam aplicado juntos.

— Jurema, o que foi que você aprontou dessa vez? — perguntou ele, ao vê-la entrar pela porta dos fundos.

— Fui enquadrada por algo que nem fiz! Agora preciso descobrir quem tá por trás disso, e rápido.

Com a ajuda de Zeca, Jurema começou a investigar. As pistas a levaram a Sérgio, um criminoso de quinta categoria que tinha uma rixa antiga com Arnaldo. Sérgio também tinha um bom motivo para incriminar Jurema: ela havia roubado dele durante um golpe anos atrás.

Jurema encontrou Sérgio em um boteco na periferia.

— Sérgio, meu querido, que coincidência te encontrar aqui, — disse ela, sentando-se à mesa como se fosse uma velha amiga.

Sérgio engasgou com a cerveja.

— Jurema? Como você saiu da cadeia?

Ela sorriu.

— Saí pelas portas da frente, meu filho. Agora me diga: por que resolveu colocar meu nome na morte do Arnaldo?

Sérgio tentou fugir, mas Jurema foi mais rápida. Um empurrão certeiro o fez cair da cadeira, e o bar inteiro parou para assistir à cena.

— Confessa logo antes que eu faça você engolir essa cerveja com garrafa e tudo, — ameaçou ela, com a voz doce mas firme.

A pressão funcionou. Sérgio admitiu ter matado Arnaldo em uma briga, mas não antes de tentar se livrar do crime incriminando Jurema.

Com a confissão gravada no celular de Zeca, Jurema sabia que precisava ser cuidadosa. Ela enviou o áudio anonimamente para a polícia, mas não antes de garantir que Sérgio fosse visto por Brandão, que estava vasculhando a região.

— Agora é só esperar, — disse ela, observando de longe enquanto Sérgio era levado algemado.

Dias depois, Jurema estava de volta à pracinha, abanando-se com o leque e observando o movimento. Valdir passou com sua carrocinha de caldo de cana.

— Dona Jurema, ouvi dizer que a senhora tá mais famosa que o Jornal Nacional!

Ela riu.

— Famosa nada, meu filho. Só gosto de resolver uns probleminhas por aí.

Mas por dentro, Dona Jurema sabia que sua vida nunca seria tranquila. Afinal, o mundo estava cheio de encrencas, e ela adorava se meter nelas.

# The Escape of Dona Jurema

It was another stifling day in Belo Horizonte, and Dona Jurema sat on the bench in the neighborhood square, fanning herself with an old fan she had "acquired" years ago from a corner store. At 72 years old, she was known among the neighbors as a sweet old lady who loved to tell stories about the past. Little did they know, Dona Jurema was one of the greatest con artists the city had ever seen.

"Oi, Dona Jurema, don't you ever get tired of landing yourself in trouble?" joked Valdir, the street vendor, as he passed by with his sugarcane juice cart.

"What trouble, my dear? All I want is some peace in this life," she replied with a sly smile.

But peace was far from her reach that day.

It all began when two police officers showed up at her tiny apartment late in the afternoon.

"Dona Jurema Soares? You're being summoned to answer questions about the murder of Arnaldo Gouveia," said Sergeant Brandão with a stern expression.

"Murder? What are you talking about? I only kill ants that invade my kitchen!"

Arnaldo was an old partner of Jurema's in scams, but they'd fallen out years ago. His body had been found in a seedy motel, his wallet emptied, and a note scrawled with Jurema's name.

"Someone's trying to frame me, no doubt about it," she grumbled as they took her to the station.

Sitting in the cold cell, Jurema began to think. She knew if she didn't act fast, she could end up paying for something she hadn't done.

"I need to get out of here, and quick," she muttered, watching the other inmates playing cards in the corner.

Using her natural charm, she soon convinced one of the guards to bring her a cup of coffee.

"You're such a sweetheart. You remind me of my granddaughter—a hardworking, kind girl. Must be tough working so hard like this, huh?"

Within an hour, the guard had "accidentally" left the cell door unlocked.

"These young ones are too easy," thought Jurema as she slipped out through the back exit.

News of the escape spread quickly. Furious, Brandão organized a citywide search.

Meanwhile, Jurema knew exactly where to go. She hid out in the workshop of her friend Zeca, a mechanic who owed her a few favors from their last scam together.

"Jurema, what have you done this time?" he asked as she snuck in through the back door.

"I've been framed for something I didn't do! Now I need to figure out who's behind it, and fast."

With Zeca's help, Jurema began investigating. The clues led her to Sérgio, a low-level crook with an old grudge against Arnaldo. Sérgio also had a solid motive to frame Jurema: she'd swindled him during a scam years ago.

Jurema found Sérgio at a dive bar on the outskirts of town.

"Sérgio, my dear, what a coincidence running into you here," she said, sliding into a seat across from him like an old friend.

Sérgio choked on his beer.

"Jurema? How did you get out of jail?"

She smiled. "Walked right out the front door, my dear. Now tell me, why did you pin Arnaldo's death on me?"

Sérgio tried to bolt, but Jurema was quicker. A well-placed shove sent him sprawling from his chair, drawing the attention of everyone in the bar.

"Spit it out before I make you swallow that beer bottle whole," she said, her voice sweet but firm.

The pressure worked. Sérgio admitted he'd killed Arnaldo in a fight but tried to shift the blame onto Jurema.

With the confession recorded on Zeca's phone, Jurema knew she had to be careful. She anonymously sent the audio to the police but not before ensuring Sérgio was spotted by Brandão, who was still scouring the area.

"Now, we wait," she said, watching from a safe distance as Sérgio was hauled away in handcuffs.

A few days later, Jurema was back on the neighborhood square, fanning herself with the old fan and watching the hustle and bustle. Valdir passed by with his sugarcane juice cart.

"Dona Jurema, I heard you're more famous than the evening news!"

She laughed. "Famous? Not at all, my dear. I just like solving little problems here and there."

But deep down, Dona Jurema knew her life would never be quiet. After all, the world was full of trouble, and she loved diving right into it.

# O Enigma das Marés

O sol brilhava intensamente sobre as águas azul-turquesa da costa de Pernambuco, enquanto o Dr. Jonas Campos ajustava o equipamento na proa do barco de pesquisa *Mar Aberto*. Ele era um homem de meia-idade, cabelos já salpicados de grisalho, mas com uma energia que parecia pertencer a alguém muito mais jovem. Como especialista em biologia marinha, Jonas dedicava sua vida ao estudo dos oceanos e à preservação dos ecossistemas marinhos.

Naquela manhã, porém, algo estava fora do lugar.

— Jonas, você viu o Pedro? — perguntou Luísa, uma jovem estagiária, com expressão preocupada.

Pedro Reis, colega de Jonas e amigo de longa data, estava desaparecido desde a noite anterior. Ele havia saído para observar os recifes de coral na maré baixa, mas não retornara.

— Ele não voltou para o barco? — perguntou Jonas, franzindo a testa.

— Não. E ninguém conseguiu contato pelo rádio.

Jonas sentiu um calafrio. Pedro não era do tipo de desaparecer sem aviso. Algo estava errado.

Enquanto os outros membros da equipe se ocupavam em revisar os equipamentos, Jonas decidiu agir. Ele conhecia Pedro bem o suficiente para saber que algo grave havia acontecido.

— Luísa, vamos à praia onde ele estava na noite passada, — disse Jonas, pegando sua mochila.

A areia estava quente sob os pés, e o som das ondas parecia mais inquietante do que reconfortante. No local onde Pedro foi visto pela última vez, Jonas encontrou algo peculiar: marcas na areia que pareciam indicar que alguém havia sido arrastado em direção à água.

— Isso não é bom... — murmurou Jonas, analisando as marcas com atenção.

Jonas decidiu investigar a área submersa ao redor dos recifes. Vestiu seu equipamento de mergulho e, junto com Luísa, mergulhou nas águas cristalinas.

Enquanto explorava o fundo do mar, encontrou sinais de atividade incomum: redes de pesca ilegais presas nos corais e restos de detritos que não pertenciam ao ambiente natural.

— Jonas, olha isso! — Luísa apontou para um pedaço de tecido preso em uma das redes.

Era parte do colete que Pedro usava.

Jonas subiu à superfície com o coração acelerado. As evidências começavam a apontar para algo mais sinistro do que um simples acidente.

De volta ao barco, Jonas decidiu conversar com pescadores locais. Ele sabia que eles costumavam ser os olhos e ouvidos da região. Após algumas perguntas, encontrou um homem chamado Seu Antônio, que parecia relutante em falar.

— Olha, doutor, eu vi um barco estranho por aqui na noite passada. Mas não sei quem eram, e nem quero me meter, — disse Antônio, enquanto olhava para os lados, como se temesse ser ouvido.

— Você sabe que isso pode ser importante, não sabe? Meu colega pode estar em perigo.

Após alguma insistência, Antônio revelou que o barco pertencia a uma empresa que frequentemente operava na região, extraindo recursos de forma ilegal.

— Eles não gostam de quem se mete nos negócios deles, doutor. Tome cuidado.

Jonas e Luísa decidiram seguir a pista. Com a ajuda de outro barco menor, eles se aproximaram da área indicada por Seu Antônio. De longe, avistaram um navio que parecia estar retirando algo das profundezas.

— É isso. Eles estão coletando corais ilegalmente, — disse Jonas, ajustando o binóculo.

Mas onde estava Pedro?

De repente, ouviram um som vindo de dentro do navio: era a voz de Pedro, gritando por ajuda. Ele estava preso em um compartimento, provavelmente depois de ter descoberto as atividades ilegais.

Jonas chamou a guarda costeira, enquanto Luísa gravava tudo com o celular. Após algumas horas de tensão, as autoridades chegaram e invadiram o navio. Pedro foi encontrado, cansado mas vivo, e os responsáveis pelas atividades ilegais foram presos.

— Sabia que você viria, Jonas, — disse Pedro, com um sorriso cansado, enquanto era ajudado a descer do navio.

— Você não me dá descanso, Pedro. Mas que bom que está bem, — respondeu Jonas, aliviado.

De volta ao *Mar Aberto*, Jonas sentiu um misto de alívio e indignação. O desaparecimento de Pedro expôs problemas sérios na região, mas também trouxe à tona a resiliência de uma equipe comprometida com a proteção do meio ambiente.

— Ainda temos muito trabalho pela frente, Jonas, — disse Luísa, enquanto catalogava os dados coletados.

— E vamos fazer o que sabemos fazer de melhor: lutar pelo que é certo, — respondeu ele, olhando para o horizonte.

As ondas continuavam a quebrar suavemente na costa, mas Jonas sabia que as águas guardavam muitos outros segredos, esperando para serem desvendados.

# The Mystery of the Tides

The sun shone intensely over the turquoise waters of the Pernambuco coast as Dr. Jonas Campos adjusted the equipment on the bow of the research boat *Mar Aberto*. A middle-aged man with greying hair, Jonas had an energy that seemed to belong to someone much younger. As a marine biologist, he dedicated his life to studying the oceans and preserving marine ecosystems.

But that morning, something felt out of place.

"Jonas, have you seen Pedro?" asked Luísa, a young intern, her face full of worry.

Pedro Reis, Jonas's colleague and longtime friend, had been missing since the previous night. He had gone to observe the coral reefs at low tide but hadn't returned.

"He didn't come back to the boat?" Jonas asked, frowning.

"No. And no one's been able to reach him on the radio."

A chill ran down Jonas's spine. Pedro wasn't the type to disappear without warning. Something was wrong.

While the other team members busied themselves with checking the equipment, Jonas decided to act. He knew Pedro well enough to recognize that something serious must have happened.

"Luísa, let's head to the beach where he was last seen," Jonas said, grabbing his backpack.

The sand was hot underfoot, and the sound of the waves felt more unsettling than soothing. At the spot where Pedro was last seen, Jonas found something unusual: marks in the sand that suggested someone had been dragged toward the water.

"This isn't good..." Jonas murmured, carefully examining the tracks.

Jonas decided to investigate the underwater area near the reefs. Putting on his diving gear, he and Luísa plunged into the crystal-clear waters.

As they explored the ocean floor, they noticed signs of unusual activity: illegal fishing nets tangled in the coral and debris that didn't belong to the natural environment.

"Jonas, look at this!" Luísa pointed to a piece of fabric caught in one of the nets.

It was part of the vest Pedro had been wearing.

Jonas surfaced with his heart pounding. The evidence was starting to suggest something more sinister than a simple accident.

Back on the boat, Jonas decided to question the local fishermen. They were often the eyes and ears of the region. After asking around, he found a man named Seu Antônio, who seemed hesitant to speak.

"Look, doctor, I saw a strange boat around here last night. But I don't know who they were, and I don't want to get involved," Antônio said, glancing around nervously.

"You know this could be important, don't you? My colleague could be in danger."

After some persuasion, Antônio revealed that the boat belonged to a company known for operating illegally in the area, extracting resources without permission.

"They don't like people meddling in their business, doctor. Be careful."

Jonas and Luísa decided to follow the lead. With the help of a smaller boat, they approached the area Antônio had described. From a distance, they spotted a vessel that seemed to be extracting something from the depths.

"This is it. They're illegally harvesting coral," Jonas said, adjusting his binoculars.

But where was Pedro?

Suddenly, they heard a sound coming from inside the vessel: Pedro's voice, shouting for help. He was locked in a compartment, likely after stumbling upon the illegal activities.

Jonas contacted the coast guard while Luísa recorded everything on her phone. After several tense hours, the authorities arrived and boarded the ship. Pedro was found, exhausted but alive, and those responsible for the illegal activities were arrested.

"I knew you'd come, Jonas," Pedro said with a weary smile as he was helped off the ship.

"You never give me a break, Pedro. But I'm glad you're okay," Jonas replied, relief washing over him.

Back on the *Mar Aberto*, Jonas felt a mix of relief and frustration. Pedro's disappearance had exposed serious problems in the region but also highlighted the resilience of a team committed to protecting the environment.

"We still have a lot of work ahead of us, Jonas," Luísa said as she cataloged the data they had collected.

"And we'll do what we do best: fight for what's right," Jonas replied, gazing out at the horizon.

The waves continued to lap gently against the shore, but Jonas knew the waters held many more secrets, waiting to be uncovered.

# Crimes na Feira Noturna

As luzes coloridas iluminavam as barracas lotadas de quitutes, artesanatos e especiarias na Feira Noturna de Recife. O aroma de carne assada misturava-se ao cheiro doce de tapioca, enquanto multidões percorriam os corredores apertados. Eva Rocha ajeitava os pastéis recém-fritos em sua barraca, um sorriso discreto no rosto enquanto entregava o troco a um cliente.

Eva era conhecida no mercado não apenas pelos melhores pastéis da região, mas também por sua habilidade incomum de resolver mistérios. Durante o dia, era apenas uma simples vendedora, mas à noite, quando necessário, tornava-se investigadora particular.

A feira era um microcosmo da cidade, cheia de histórias, segredos e rivalidades. Mas naquela noite, algo sombrio estava prestes a acontecer.

O alvoroço começou quando o grito de uma mulher cortou o burburinho da feira.

— Socorro! Ele está morto! — a voz tremia, vindo de uma barraca de carnes na outra ponta do mercado.

Eva deixou sua barraca rapidamente e seguiu o som, acompanhada por outros curiosos. No chão da barraca, entre caixas de isopor e facas de açougueiro, estava o corpo de Geraldo Mendes, um dos vendedores mais conhecidos da feira. Ele era polêmico, sempre envolvido em discussões com outros comerciantes.

— Foi envenenamento, certeza, — murmurou uma senhora ao lado de Eva.

— Ou talvez algo mais direto, — respondeu Eva, notando a ausência de ferimentos visíveis.

A polícia chegou em poucos minutos, mas Eva sabia que a investigação oficial levaria tempo. Ela já havia ajudado em casos antes e percebeu que a tensão no mercado crescia.

Entre os vendedores, muitos evitavam fazer contato visual. Eva começou a fazer perguntas discretamente.

— Você viu algo estranho, Dona Lourdes? — perguntou a uma vizinha de barraca.

— Eu? Nada. Mas ele brigou feio com o Arnaldo ontem. Ouvi que era por causa do ponto da barraca.

Arnaldo era um jovem vendedor de frutas, sempre na defensiva quando o assunto era sua mercadoria. Eva decidiu observá-lo.

Mais tarde, ela viu Arnaldo empacotando suas coisas apressadamente.

— Arnaldo, o que houve? — Eva perguntou, casualmente.

— Nada, só quero sair antes que a polícia me faça perder o resto da noite, — ele respondeu, evitando olhar diretamente para ela.

Eva não insistiu, mas o comportamento dele chamou sua atenção.

Eva decidiu investigar a vida de Geraldo. Perguntando aos outros comerciantes, descobriu que ele havia se envolvido em um esquema de venda de mercadorias roubadas há alguns meses.

— E isso terminou? — perguntou Eva a Dona Lourdes.

— Dizem que ele parou, mas vai saber. Geraldo era difícil, fazia muitos inimigos.

Além de Arnaldo, outro nome começou a aparecer: Jorge, um antigo parceiro de Geraldo no esquema das mercadorias.

— Eles romperam depois de uma discussão feia. Jorge sumiu da feira, mas ouvi dizer que ele ainda anda por aqui, espiando.

Eva sentiu o estômago revirar. A morte de Geraldo parecia menos um acidente e mais uma questão de vingança ou traição.

No dia seguinte, Eva voltou à feira. Ela sabia que o tempo era crucial para desvendar o caso antes que a polícia fechasse tudo. Enquanto passava pela barraca de Geraldo, notou algo peculiar: um pequeno frasco de vidro escondido entre os restos de mercadorias.

Era um frasco de veneno.

Eva examinou o rótulo e viu que era usado para controle de pragas em hortas. Apenas um punhado de vendedores tinha acesso a esse tipo de substância, incluindo Arnaldo.

Com a ajuda de um amigo policial, Eva conseguiu que o conteúdo do frasco fosse analisado. Era o mesmo veneno que causara a morte de Geraldo.

Naquela noite, Eva confrontou Arnaldo em sua barraca.

— Por que você fez isso, Arnaldo?

— O quê? Tá maluca? — ele respondeu, surpreso.

— Eu encontrei o veneno. Ele veio da sua barraca, não veio?

Arnaldo hesitou, mas depois cedeu.

— Eu não queria matar ninguém. Era só pra assustar ele. Geraldo estava me ameaçando, queria que eu deixasse meu ponto.

— Você sabia que isso podia matá-lo, Arnaldo. Agora ele está morto, e a polícia vai descobrir.

Eva entregou as evidências à polícia, que prendeu Arnaldo.

Os dias seguintes foram tranquilos, mas o clima na feira mudou. A morte de Geraldo expôs as tensões ocultas entre os vendedores.

Eva voltou à sua rotina de fritar pastéis, mas sabia que sua fama como investigadora só aumentaria. Ela olhou para a multidão e pensou:

— Nesta feira, cada barraca esconde uma história. Algumas, mais perigosas do que outras.

E assim, Eva Rocha esperava pelo próximo mistério. Afinal, naquela feira noturna, a noite nunca era apenas uma feira.

# Crimes at the Night Market

The colorful lights illuminated stalls filled with snacks, crafts, and spices at Recife's Night Market. The aroma of grilled meat mingled with the sweet smell of tapioca as crowds moved through the narrow aisles. Eva Rocha adjusted the freshly fried pastries on her stall, a faint smile on her face as she handed change to a customer.

Eva was known not only for the best pastries in the region but also for her unusual knack for solving mysteries. During the day, she was just a simple vendor, but at night, when needed, she became a private investigator.

The market was a microcosm of the city, full of stories, secrets, and rivalries. But that night, something dark was about to unfold.

The commotion started with a woman's scream slicing through the market's chatter.

"Help! He's dead!" the trembling voice called out from a butcher's stall at the far end of the market.

Eva quickly left her stall and followed the sound, joined by other curious onlookers. On the ground of the stall, among foam boxes and butcher knives, lay the body of Geraldo Mendes, one of the market's best-known vendors. He was controversial, always involved in arguments with other traders.

"Poison, for sure," murmured a woman next to Eva.

"Or maybe something more direct," Eva replied, noticing the absence of visible wounds.

The police arrived within minutes, but Eva knew the official investigation would take time. She had helped in cases before and could feel the market's tension mounting.

Among the vendors, many avoided making eye contact. Eva began asking discreet questions.

"Did you see anything strange, Dona Lourdes?" she asked a neighboring stallholder.

"Me? Nothing. But he had a nasty fight with Arnaldo yesterday. I heard it was about the stall location."

Arnaldo was a young fruit vendor, always defensive about his merchandise. Eva decided to keep an eye on him.

Later, she saw Arnaldo hurriedly packing his things.

"Arnaldo, what's going on?" Eva asked casually.

"Nothing, I just want to leave before the police make me lose the rest of the night," he said, avoiding her gaze.

Eva didn't press, but his behavior caught her attention.

Eva decided to dig into Geraldo's life. Asking other traders, she learned that he had been involved in a stolen goods scheme a few months ago.

"And did that end?" Eva asked Dona Lourdes.

"They say he stopped, but who knows? Geraldo was difficult; he made plenty of enemies."

Besides Arnaldo, another name surfaced: Jorge, an old partner of Geraldo's in the stolen goods scheme.

"They had a falling-out after a big argument. Jorge disappeared from the market, but I've heard he still lurks around," Lourdes said.

Eva felt her stomach churn. Geraldo's death seemed less like an accident and more like a matter of vengeance or betrayal.

The next day, Eva returned to the market. She knew time was crucial to solve the case before the police shut everything down. While passing Geraldo's stall, she noticed something peculiar: a small glass vial hidden among the leftover goods.

It was a vial of poison.

Eva examined the label and saw it was used for pest control on farms. Only a handful of vendors had access to such a substance, including Arnaldo.

With the help of a police friend, Eva had the vial's contents analyzed. It matched the poison that had killed Geraldo.

That night, Eva confronted Arnaldo at his stall.

"Why did you do it, Arnaldo?"

"What? Are you crazy?" he replied, startled.

"I found the poison. It came from your stall, didn't it?"

Arnaldo hesitated, then finally gave in.

"I didn't mean to kill him. It was just to scare him. Geraldo was threatening me, trying to make me give up my spot."

"You knew it could kill him, Arnaldo. Now he's dead, and the police will find out."

Eva handed over the evidence to the police, who arrested Arnaldo.

The following days were quieter, but the market's atmosphere had changed. Geraldo's death had exposed hidden tensions among the vendors.

Eva returned to her routine of frying pastries, but she knew her reputation as an investigator would only grow. She looked out at the crowd and thought:

"In this market, every stall hides a story. Some, more dangerous than others."

And so, Eva Rocha waited for the next mystery. After all, at the night market, the night was never just a market.

www.ingramcontent.com/pod-product-compliance
Lightning Source LLC
Chambersburg PA
CBHW061628130726
47996CB00003B/1168